中國古代四大美人的傳說

漢語拼音版

落雁．王昭君的故事

美麗聰慧，和平使者

宋詒瑞　編著

陳巧媚　圖

U0064161

新雅文化事業有限公司

www.sunya.com.hk

中國古代四大美人的傳說（漢語拼音版）

落雁‧王昭君的故事

編　　著：宋詒瑞
繪　　圖：陳巧媚
策　　劃：甄艷慈
責任編輯：潘宏飛
美術設計：何宙樺
出　　版：新雅文化事業有限公司
　　　　　香港英皇道499號北角工業大廈18樓
　　　　　電話：(852) 2138 7998裏
　　　　　傳真：(852) 2597 4003
　　　　　網址：http://www.sunya.com.hk
　　　　　電郵：marketing@sunya.com.hk
發　　行：香港聯合書刊物流有限公司
　　　　　香港新界大埔汀麗路36號中華商務印刷大廈3字樓
　　　　　電話：(852) 2150 2100　傳真：(852) 2407 3062
　　　　　電郵：info@suplogistics.com.hk
印　　刷：中華商務彩色印刷有限公司
　　　　　香港新界大埔汀麗路36號
版　　次：二〇一五年五月初版
　　　　　10 9 8 7 6 5 4 3 2 / 2015

ISBN: 978-962-08-6325-7
© 2015 Sun Ya Publications (HK) Ltd.
18/F, North Point Industrial Building, 499 King's Road, Hong Kong.
Published and printed in Hong Kong

前言

「閉月羞花之貌、沉魚落雁之容」，你聽說過這兩句話嗎？這是歷來中國人形容美女的兩大名句。你可知道它們的出處？

原來「閉月羞花、沉魚落雁」這八個字中包含着四個有趣而淒美的故事，敍述了四位中國古代女子可歌可泣的命運。她們都擁有一副令人驚羨的美貌——美麗的西施使河中的魚兒們自慚形穢而沉入河底（沉魚），月亮自愧不如貂蟬的美貌而躲在了雲朵後面（閉月），盛開的花兒不如楊貴妃美而羞愧地低下了頭（羞花），天上的大雁見到出塞路上的昭君忘記飛翔而紛紛落地（落雁）⋯⋯這樣的比喻有些誇張，但卻別有創意，突顯了人們對四大美女的激賞。

自古以來，中國的美女多如繁星，為何人們往往以此四人為代表來形容女子的美麗，使她們名傳千古呢？

這就是我們編輯出版這套書的理念了。在中國歷史上，女子的社會地位低下，她們不能像男人一樣建功立業，有所成就，只需靠美貌和賢淑來相夫教子

就可以了，因此多少有才氣的女子被壓制。書中的四位古代美女不是普通的美女子，她們的身世經歷影響了國家的命運——善良勇敢的西施為報國仇而犧牲自己的青春和愛情，美麗聰慧的昭君為了國家邊疆的安寧而不惜捨棄舒適的宮廷生活甘當和平使者，有勇有謀的貂蟬設計除去了國賊，精通歌舞的楊貴妃雖然與君王的忠貞戀情引發國事的衰敗，可是卻留藝人間……她們的故事各不相同，但讀來無不令人歎息。而西施、王昭君和貂蟬三位美女聰慧純真、廣闊胸襟、愛國情懷和自我犧牲精神更是令人讚歎不已。

　　本系列書雖然命名為《中國古代四大美人的傳說》，但是故事的大框架卻忠實於歷史，是一部半虛構作品。希望我們的小讀者們讀了這些故事之後，不僅知道了她們的故事，更深入了解她們的心靈和精神面貌，知道什麼才是真正的「美」，知道應該去追求什麼樣的「美」。

賞　讀

匈奴是我國北方的大國，他們的首領稱為「單于」。匈奴常常揮兵南下，威脅中原。公元前 200 年，漢高祖劉邦率軍抵禦匈奴，被冒頓單于圍困於平城白登，經過七天七夜才得以解圍，歷史上稱為「白登之圍」。白登之圍以後，西漢政府對匈奴採取「和親」政策，以求換來一時的安定。除了將皇室女子作為公主，嫁給匈奴單于為妻外，漢朝還每年向匈奴贈送大量財禮，即便如此，匈奴還是時常騷擾漢朝邊界。

漢元帝時，匈奴首領呼韓邪單于提出要娶一位漢朝的女孩為妻，以便鞏固雙方的關係。漢元帝欣然答應。王昭君，本是漢元帝後宮裏被皇帝冷落的一名宮女，為了要衝出宮廷的牢籠，為了國家邊疆的安寧，聽到這個消息後，她毅然毛遂自薦，甘願出塞和親甘當和平使者。

王昭君本性善良，她不僅為單于生兒育女，還和匈奴人民一起勞作，教當地婦女農耕織布技術，開泉引水，發展生產；接濟貧苦百姓，設法救災……她協助單于把匈奴治理成水草豐美的好地方，讓匈奴人民過上了好日子。

單于逝世後，王昭君更全力投入到發展匈奴的農牧業中，她的子孫也繼承她的事業，繼續為漢匈友好努力。自她出塞的二十多年內匈奴的生產飛速發展，漢匈貿易活躍，漢朝和匈奴停止了征戰，百姓和平相處了幾十年。

　　王昭君在匈奴人民心中是帶來幸福安寧的女神，是民族友好的象徵。在中國歷史上她不僅以能落雁的美貌聞名，更重要的是她的勇敢和智慧為漢匈兩族人民的和睦團結和經濟文化交流作出了巨大的貢獻，可說是一名歷史功臣。

 落雁・王昭君的故事

人物介紹

王昭君

王昭君被選進宮，可是卻一直呆在無人問津的後宮，眼看即將寂寞度過此生，當匈奴來漢朝求親的消息傳來時，她毅然自薦出塞和親，去到了蒼茫的漠北草原……

漢元帝

漢朝皇帝，在位期間王昭君被他選進宮，卻一直沒見到昭君，直到匈奴來漢朝求親……

明月托生

在中國中部的長江邊，有個叫秭歸的地方，那是個山區，滾滾長江從它旁邊流過。戰國時楚國著名詩人屈原也出生在此。

西漢末期，在一個叫寶坪村的小山村裏，有戶姓王的貧苦農家。父親叫王穰，以前祖輩倒是個書香人家，但是命運不濟，家道日益破落，王穰夫婦就在這荒僻的山村定居下來。

王穰的妻子一連生下了兩個兒子，分別是王新和王颯。一家四口全靠夫婦二人在山坡上翻耕了幾畝薄田，種些高粱、玉米等雜糧以維持生計。王穰有時還到江邊去當縴夫，為一些逆水行走的大船拉縴，賺些小錢。

王媽媽還總想要個女兒。她對王穰說：「女兒貼心嘛，以後兒子長大了跟你到地裏幹活，有個女兒在家陪我說說話，那該多好啊！」

「是啊，女孩子體貼爸媽，能有個

女孩多有趣呀！」王穰同意。

可是，兩個兒子還小，家中負擔很重，無力再添丁了。

過了好幾年，兩個兒子都大得可以幫着父母到田裏幹活了，家中情況稍見好轉。王媽媽就想完成自己的心願：給家中添個女兒。

但是王媽媽是大齡孕婦，這次分娩遇上了麻煩，三天三夜還沒把孩子生下來。第三天正好是農曆八月十五中秋節，晚上天空中忽然升起了一輪與往年

異常的月亮，那月亮像銅鑼一般大，像瓷盤一般圓，又像銀碟一般亮，把整個村子照耀得一片雪亮。皎潔的月光也照進了王家。王媽媽對丈夫說：「瞧，這月光多美啊，我覺得這次一定會生個女兒！生個像月亮一樣美的女孩！」正在

此時，只聽得「哇」的一聲啼哭聲，夫妻倆夢想成真，一個皮膚白皙的漂亮女嬰降臨到王家！

喜訊立刻傳遍全村，鄉親們紛紛來到王家賀喜。

「我們村從來沒見過這樣好看的月亮，這孩子是月亮娘娘給我們送來的！」

「今晚的月亮最大最圓最明亮，今晚生的女孩是最美最漂亮最有出息的，王家出了金鳳凰啦！」

全家人喜不自禁。王穰老來得女，

把她當成掌上明珠，兩個哥哥也很喜歡

這個小妹妹。那年是公元前52年，西

漢元帝時代。

王穰為女兒取名為王嬙，乳名是皓

月。

過了不久，大哥王新娶了親，賢

淑的大嫂進了家門，也幫着婆婆照顧王

嬙，小小的王嬙集萬千寵愛於一身。

說也奇怪，小王嬙從小就特別喜歡

看月亮。父母把她抱在手中時，她那一

雙烏黑的眼睛就盯着天上的明月看，一眨也不眨，嘴裏還咿咿呀呀說個不停，小臉上泛起一對可愛的小酒窩。

王嬙漸漸長大後，從父母那裏聽說了自己出生時的奇事，從此對月亮更多了一份感情。每當月圓之夜，當月亮升上天空，她就登上家裏的露台，對着月亮梳頭理妝。後來父親在山上砍來一根沉香木，給她做了一把古琴，王嬙就常在月夜登樓，對着明月彈琴唱歌。人們都說，小王嬙真不愧是皓月姑娘，和月

亮娘娘結下緣分了。

小王嬙越長越漂亮，父母看在眼裏，喜在心頭。王穰對妻子說：「嬙兒是上天賜給我們的珍寶，我要好好培養她，使她成為一名出類拔萃的姑娘。」

王家生活雖然清苦，但全家和睦相處，與世無爭，更重要的是能够始終保持先人的傳統，沒有忘記他們也曾是受人尊敬的詩書門第。為了生計，父兄們都要下田耕種，但是全家人都疼愛王嬙，家中出力氣的活兒從來不用她做，

除了跟着母親學做刺繡縫紉等女紅之外，她更在父親的督促教導下讀書習字。王嬙不僅天生麗質，還聰慧異常，琴棋書畫，無所不精；她的繡工也是一流的，一雙巧手能繡出色彩鮮艷、花式精巧的各種繡品。雖然生長在窮鄉僻壤，她卻別具一名大家閨秀的風範。

被選入宮

王嬙漸漸長大，她的美貌不僅傳到了縣城，還遠傳到京城。

公元前 36 年，漢元帝要選一些女孩到皇宮去。當地的官員早就聽說過王嬙的美貌，於是把她上報了朝廷。

元帝下令要選擇吉日把美女送到京城。詔書到了縣裏，縣令哪敢違抗皇令，就派人送書到王穰家。

「什麼？要召嬙兒入宮？」王穰得

到這消息如同晴天一聲霹靂，頓時被嚇懵了。

愛女被召入宮，有人或許認為是一件榮幸的喜事。入了宮，吃山珍穿錦緞，但是王穰是個明智的人。他知道皇宮裏面勾心鬥角，要處處防着人，而且漢元帝有皇后和妃子，自己的女兒如果入了皇宮，說不定連皇帝的面都見不到，一輩子也許只能呆在皇宮裏做些伺候人的活，她的一生幸福就將如此斷送！他不能送心愛的女兒入虎口！

wáng ráng dāng jí tuī cí le
王穰當即推辭了。

huáng dì de shǐ zhě fèn rán chì zé dào　　　huáng shàng
皇帝的使者憤然斥責道：「皇上

zhè shì kàn de qǐ nǐ jiā gū niang　　zěn me zhè yàng bù shí tái
這是看得起你家姑娘，怎麼這樣不識抬

jǔ　　nǔ ér jìn le gōng　　chī shān zhēn chuān chóu duàn　　fù guì
舉？女兒進了宮，吃山珍穿綢緞，富貴

róng huá xiǎng shòu bú jìn　　zhè yàng de hào shì yǒu shéi huì tuī
榮華享受不盡！這樣的好事有誰會推

辭？你們好好準備吧，一個月以後來接人！」

之後使者多次催促。王穰想來想去，實在想不出好辦法來避過這一劫。

這時王嬙16歲，上門來提親的人家不少，可是無論是她父母或是她本人，都一個也看不中。如今被選入宮，雖然前途未卜，可能命運多舛，但王嬙心中卻翻江倒海般湧起了波瀾：自己的終身大事也是該考慮了，中意的人身邊一個也沒有。她對自己的才貌都很有信

心，若是真能去到皇帝身邊，也許自己可以做更多的事情！她從小很敬佩故鄉先人屈原的憂國憂民胸懷，心想若是能有機會接近皇上，自己也能像屈原大夫一樣，苦諫皇上改革國政，關心老百姓疾苦，這樣不就能造福人民了嗎？雖然離鄉背井將會很痛苦，可是對前途的嚮往卻使她下決心應召赴京。她就主動對父母說：

「爸爸媽媽，你們不用操心了，這事是躲不了的，讓我去吧。」

王穰夫妻只能搖頭歎息，心中暗暗祈禱女兒此去一帆風順。

公元前36年春天，王嬙依依不捨地告別了父母鄉親，乘船向西走了三個多月，才抵達京城長安。入宮後被編為掖庭待詔，改名為王昭君。

掖庭是皇宮裏在帝后寢宮東西兩側

知識小鏈接

長安

　　長安在現在的陝西西安。它是十三朝古都，是中國歷史上建都朝代最多，建都時間最長，影響力最大的都城。它與羅馬、開羅、雅典並稱為世界四大古都，也是國際著名旅遊目的地城市。你想去西安旅遊嗎？

建造的睡房，通常是嬪妃的住所。這些

住房像兩腋一樣護衛着帝后的寢宮，所

以被稱為掖庭。初入宮為嬪妃的女子，

一開始都先居住在這片宮區，若是日後

獲得皇帝的喜愛，就搬出去住。

畫師作惡

入宮以後，王昭君和各地選來的女孩們一起住在芙蓉館裏，錦衣玉食，自不在話下。

有一天，宮女告訴她們說：「過幾天，會有畫師來為你們畫像，你們自己好好作準備吧。」

畫像？為什麼要畫像？姐妹們都不明白。

宮女告訴她們：原來，宮內漂亮女

孩太多了，皇帝不可能一一見到並親自

挑選。歷來的做法是：凡有女孩進宮，

就由宮廷畫師先為她們畫像，皇帝就根

據這些畫像來挑選陪伴自己的女孩。所

以，畫像是一件至關重要的大事。出身

富貴人家的，就常用金銀財寶賄賂畫

師，畫師就把她們畫得美一些。

姐妹們聽說後，就連忙梳妝打扮，

務必要使自己以最漂亮的面貌入畫；還

有一點很重要，那就是如何取得畫師的

歡心，如果能讓畫師把自己畫得漂亮一

26

點，不就更好了嗎？

王昭君家境貧寒，出不起賄賂的錢。而且王昭君性格剛強，不畏權勢，根本不屑做這種欺上瞞下的事。她自信自己有才有貌有本事，不用靠畫像來美化。所以對宮女的暗示只是置之一笑。

一天早上，一名宮女來對王昭君說：「姑娘，今天輪到你了，畫師毛延壽要為你畫像。讓我來替你梳妝吧！你這麼漂亮，一定沒問題的。」

化好妝後，王昭君進入畫室，畫師

máo yán shòu jiàn tā zhè bān duān zhuāng měi lì　xīn zhōng àn àn jiào
毛延壽見她這般端莊美麗，心中暗暗叫

hǎo　jiù hěn kè qì de shuō　gū niang　qǐng zuò xià
好，就很客氣地説：「姑娘，請坐下，

wǒ zhè jiù gěi nǐ huà xiàng　nǐ shì fǒu zhǔn bèi hǎo le
我這就給你畫像，你是否準備好了？」

zhǔn bèi hǎo　shì shén me yì si　máo yán shòu qí shí
準備好？是什麼意思？毛延壽其實

shì zài àn shì wáng zhāo jūn　kuài bǎ hóng bāo dì shàng lai
是在暗示王昭君，快把紅包遞上來。

kě shì wáng zhāo jūn gēn běn méi tīng míng bái　tā zhǐ
可是王昭君根本沒聽明白，她只

shì dī tóu jū gōng shuō le shēng　xiè xie shī fu　rán
是低頭鞠躬説了聲「謝謝師傅！」，然

hòu jiù zuò le xià lai　jiē zhe bǎ shǒu shēn xiàng páng biān de àn
後就坐了下來，接着把手伸向旁邊的案

jǐ
几……

zhāo jūn cóng àn jǐ shàng ná le yì běn qū yuán de shī
昭君從案几上拿了一本屈原的詩

jí　chǔ cí　tā cóng róng bú pò de dǎ kāi kàn le qǐ
集《楚辭》。她從容不迫地打開看了起

來。

毛延壽感到很意
外，心想這姑娘真
有耐性，也許
她要到畫完像後才給紅包，就認真
畫了起來。

一般的姑娘們來到這
裏，大多很緊張。因為
這是決定自

己今後命運的大事，就會神態拘謹，表情生硬呆板；而眼前這位姑娘，姿勢自然優雅，典雅大方，更顯得她的美貌出眾，儀態萬千。毛延壽心中很是讚許，便專心作畫。

畫到一半，王昭君把《楚辭》收了起來，毛延壽心裏一喜，以為她是要準備拿紅包了。可誰知她只是讀完了而

知識小鏈接

《楚辭》

　　《楚辭》是戰國時楚國著名愛國詩人屈原創作的一部作品，它感情奔放，想像奇特，對後世的詩歌產生了很深的影響。

已。昭君根本不知畫師心裏的想法，見

畫師如此注意她手中的東西，便問：

「師傅，我是不是妨礙你作畫了？」

毛延壽忙說：「噢，不，不！不礙

事的！」他回過神來，繼續作畫。但此

時他心中已經有些不高興了，心想這姑

娘怎麼不懂事，不知道這裏的規矩！因

此他的畫筆鬆懈了下來，畫得不那麼認

真了。

畫到最後，只留下一雙眼睛裏的眼

珠還沒畫，毛延壽把筆停下來了，他對

昭君説：「姑娘，你過來看看，滿意不

滿意？」

昭君走到畫架前，見畫布上的人

果真很像自己，但是卻沒神采。不過出

於禮貌，她稱讚道：「喲，畫得這麼美

啊，我有她這樣美嗎？」

毛延壽意味深長地説：「我還沒畫

完呢！人物的眼珠還沒畫，一畫上，這

畫像就活了。可是，姑娘，你知道嗎？

這點睛，是個很深的功夫，不點則已，

一點千金啊！」

王昭君是聰明人，一聽就明白了，

她對這種行為感到很厭惡，不想隨大流

來奉承這個卑鄙的小人，便正色道：

「師傅，我是山區來的貧窮小女子，身

上並無千金，看來是沒福氣看到您點睛

的功夫了，真是遺憾！」

毛延壽想不到一個山區姑娘會有如

此傲氣，只得陪笑說：「姑娘說什麼客

氣話呀！憑姑娘這等美貌，怎會沒福氣

呢？千金之事好商量，好商量！多少意

思意思吧，不然，你會後悔終生的！」

王昭君哪受得了畫師如此明目張膽的威脅恐嚇，她站起來氣沖沖地向外走去。

毛延壽還不死心，追了出去厚着臉皮說：「沒有千金也不要緊，姑娘佩戴的飾物也可充數！」

王昭君再也無法忍受了，她聽後停下腳步，從頭上取下玉簪，又把手上的金鐲褪下，毛延壽立刻湊上前去，伸開雙手準備接下這些首飾，誰知王昭君狠狠地把這些首飾往地下一扔，罵道：

「一點千金，一點千金，你休想！」

毛延壽從來沒遇到過這樣的對待，

他怒火中燒，咬牙切齒地説道：「好，

你等着瞧，你還想見到皇上，你做夢！」

他說到做到，立刻回到畫師府，為

畫像中的雙眼加上了一對毫無神采的眼

珠，並且在右眼下面加上了一粒很惹眼

的黑痣。在向皇上呈上各位女孩的畫像

時，他還添油加醋地說：「這姑娘雖然

長得還可以，可是這粒黑痣不吉祥，它

是一顆喪夫痣啊！」

皇帝當然很忌諱這樣的面相，就把

王昭君的畫像放在了一邊，不予考慮。

寂寞歲月

王昭君沒想到畫師會如此狠毒地報復。畫了像後，她就一直在宮裏等待皇上傳召，可是等了一天又一天，一個月又一個月，一年又一年，皇上根本沒想到她。幾年來，她一次也沒能見到皇上，已經淪為一名普通宮女，更何談想苦諫國政！

此時的王昭君，才知道這一定是畫師毛延壽搗的鬼。可是申訴無門，只得

忍氣吞聲過日子。

宮裏的吃穿雖不愁，可皇家規矩太多，限制太多。王昭君就好比是被關在金絲籠裏的小鳥，養尊處優，但是沒有自由沒有幸福。

王昭君是好強的女子，她不甘心如此消沉下去。每天除了做一些宮女該完成的輕鬆工作之外，她有很多餘暇時間，便認真讀書練字，唱歌跳舞，研習琴藝、音律和繪畫，不斷充實自己的才藝。

可是，午夜

夢回，漫漫長夜難

熬，昭君倍感孤

獨淒涼。眼瞧自己的花樣年華一天天逝

去，不知哪天才能有出頭之日？哪天才

能報答父母養育之恩？難道自己就要在

這深宮裏埋葬一生？王昭君滿心怨憤。

又是一個秋天的夜晚，外面下着

雨，草叢裏蟲兒不停鳴叫。這樣的夜

晚，王昭君非常懷念家鄉的親人，她愁腸百結，拿起心愛的琵琶，唱起了《五更哀怨曲》。這首曲子滿腔幽怨，無限傷感，傾吐着昭君濃濃的鄉愁和對命運的哭訴。

成語説説

愁腸百結

愁腸：憂愁的心腸。百結：極多的結頭。憂愁苦悶的心腸好像凝結成了許多的疙瘩。形容愁緒鬱結，難於排遣。表現王昭君長年見不到皇帝，前途無着的鬱悶心情。

自薦出塞

日子就這樣一天天過去，王昭君很

可能就這樣無聲無息地打發着日子，悄

然湮沒在後宮中，就此了結一生。但是

誰能料到：一件外交事情竟徹底改變了

王昭君的命運！

漢元帝33年，北方的匈奴領袖呼

韓邪單于平定了匈奴，便第三次前來朝

見元帝，要求與漢朝和親。這位單于已

經是漢朝的熟客了。

<ruby>呼<rt>hū</rt></ruby><ruby>韓<rt>hán</rt></ruby><ruby>邪<rt>xié</rt></ruby><ruby>提<rt>tí</rt></ruby><ruby>出<rt>chū</rt></ruby><ruby>和<rt>hé</rt></ruby><ruby>親<rt>qīn</rt></ruby>的要求，為的是要

<ruby>鞏<rt>gǒng</rt></ruby><ruby>固<rt>gù</rt></ruby><ruby>他<rt>tā</rt></ruby>的<ruby>統<rt>tǒng</rt></ruby><ruby>治<rt>zhì</rt></ruby><ruby>地<rt>dì</rt></ruby><ruby>位<rt>wèi</rt></ruby><ruby>和<rt>hé</rt></ruby><ruby>加<rt>jiā</rt></ruby><ruby>強<rt>qiáng</rt></ruby><ruby>漢<rt>hàn</rt></ruby><ruby>匈<rt>xiōng</rt></ruby><ruby>之<rt>zhī</rt></ruby><ruby>間<rt>jiān</rt></ruby>的<ruby>友<rt>yǒu</rt></ruby>

<ruby>好<rt>hǎo</rt></ruby><ruby>關<rt>guān</rt></ruby><ruby>係<rt>xì</rt></ruby>。<ruby>漢<rt>hàn</rt></ruby><ruby>朝<rt>cháo</rt></ruby><ruby>受<rt>shòu</rt></ruby><ruby>夠<rt>gòu</rt></ruby><ruby>了<rt>le</rt></ruby><ruby>匈<rt>xiōng</rt></ruby><ruby>奴<rt>nú</rt></ruby><ruby>滋<rt>zī</rt></ruby><ruby>擾<rt>rǎo</rt></ruby><ruby>之<rt>zhī</rt></ruby><ruby>苦<rt>kǔ</rt></ruby>，<ruby>全<rt>quán</rt></ruby>

<ruby>朝<rt>cháo</rt></ruby><ruby>上<rt>shàng</rt></ruby><ruby>下<rt>xià</rt></ruby><ruby>一<rt>yí</rt></ruby><ruby>致<rt>zhì</rt></ruby><ruby>同<rt>tóng</rt></ruby><ruby>意<rt>yì</rt></ruby><ruby>與<rt>yǔ</rt></ruby><ruby>匈<rt>xiōng</rt></ruby><ruby>奴<rt>nú</rt></ruby><ruby>和<rt>hé</rt></ruby><ruby>親<rt>qīn</rt></ruby>，<ruby>以<rt>yǐ</rt></ruby><ruby>保<rt>bǎo</rt></ruby><ruby>邊<rt>biān</rt></ruby><ruby>疆<rt>jiāng</rt></ruby>

<ruby>安<rt>ān</rt></ruby><ruby>寧<rt>níng</rt></ruby>。

<ruby>與<rt>yǔ</rt></ruby><ruby>匈<rt>xiōng</rt></ruby><ruby>奴<rt>nú</rt></ruby>的<ruby>首<rt>shǒu</rt></ruby><ruby>領<rt>lǐng</rt></ruby><ruby>聯<rt>lián</rt></ruby><ruby>姻<rt>yīn</rt></ruby>，<ruby>漢<rt>hàn</rt></ruby><ruby>朝<rt>cháo</rt></ruby><ruby>照<rt>zhào</rt></ruby><ruby>例<rt>lì</rt></ruby><ruby>應<rt>yīng</rt></ruby><ruby>該<rt>gāi</rt></ruby>

知識小鏈接

和親

在中國古代，漢族統治者與少數民族首領之間，為一定的政治目的而通婚，被稱為「和親」。古時，中國北方生活着一個古老的遊牧民族叫匈奴。秦漢之際，匈奴勢力強大，多次南下威脅中原。漢初國力不強，無法與匈奴對抗，便也採取了和親政策，以求得相對的和平。公元前33年，呼韓邪單于第三次到長安，向當時的漢元帝提出，想娶一位漢朝的女孩為妻。元帝立即答應，並在宮女中進行挑選。此時王昭君主動提出去和親。

把一位公主許配給呼韓邪單于。可是，該派哪一位公主去呢？這件事讓漢元帝傷痛了腦筋。

公主們一聽是要遠嫁到北方的沙漠地區去，一個個都說我不去，我不去。

漢元帝沒辦法了，最後只好下令從宮女中選一名。他吩咐人到後宮去傳話：「誰願意到匈奴去

和親的，皇上就以公主對待。」後宮的

宮女都是從民間選來的，她們一進了皇

宮，就像鳥兒被關進籠裏一樣，都巴望

有一天能把她們放出宮去。但是聽説要

離開本國到匈奴去，卻又不樂意。

王昭君聽説了這件事，她想了許

久。

她想我不甘心在深宮沉沒下去，這

何嘗不是我走出牢籠的一個機會？我苦

於身陷冷宮，沒可能接近君王，實現不

了救國愛民的宏願。如今若是能與匈奴

和親，以確保邊疆萬年太平，使百姓安居樂業，這也是報國之舉啊！與其在此浪費青春年華，不如擔起這民族和親的重任，做一番事業，也不辜負了此生！

可是，匈奴遠在北方沙漠地帶，那裏風大沙大，路途遙遠，此去怕是再難與父老鄉親見面，生活上也會遇到種種困難與不便之處，自己是否能承受得了？……

王昭君反反覆覆想來想去，考慮了幾個晚上。最後她終於下定決心，要毛

遂自薦！她向掖庭官員表達了自己的願望，官員上報朝廷，並把昭君的畫像給元帝過目。元帝見畫像上的昭君就是那個眼睛下面帶着一顆黑痣的宮女，相貌平常，便毫不猶豫地決定把她賜給呼韓邪，並另選了四名宮女陪她一起北上。

成語説説

毛遂自薦

　　戰國時，秦國出兵攻打趙國，包圍了趙國首都邯鄲，情況十分危急，於是趙王派平原君前往楚國，請求援救。平原君打算在自己府中挑選出二十個文武人才一同前往，但只挑選出十九個，剩下的都不符合條件。這時，有一個名叫毛遂的人，主動向平原君自我推薦，請求加入前往楚國的行列。後來用「毛遂自薦」比喻自告奮勇，自我推薦去做某項工作。這裏指王昭君得知和親的消息之後，自己主動提出去和親。

漢元帝選了一個好日子，讓呼韓邪

單于和王昭君在長安成婚。那天，王昭

君打扮得漂漂亮亮，光彩照人，整個皇

宮都為之增色。當呼韓邪單于和王昭君

向漢元帝謝恩的時

候，漢元帝看到

眼前的昭君感到

十分驚訝，他低聲問身邊大臣：「這是誰？怎麼沒見過？」

大臣回話說：「她就是王昭君，自願和親的那個宮女。」

漢元帝心中納悶，怎麼和畫像上的完全不同，面前的女孩實在太漂亮了！

元帝很想把王昭君留在身邊，可是已經答應了別人，不能反悔，現在只好作罷，忍痛割愛。

元帝封王昭君為永安公主，希望她此去能永保邊疆安寧，並賜給她無數黃

金美玉。這一天，到了出發的日子了，

昭君用一個個布袋裝滿了麥種和穀種，

她準備帶到匈奴那邊去耕種。

送走昭君後，漢元帝回到內宮，越

想越懊惱。他叫人傳畫師毛延壽來，責

問他是怎麼回事。毛延壽無言以對。後

來元帝知道毛延壽為什麼沒有把王昭君

的美貌如實畫出來的原因，狠狠地責罰

了他一頓。

落雁之說

王昭君一行人離開了長安，向塞北進發。

昭君身披紅斗篷，騎着白馬，手抱琵琶。從長安到漠北，離開了繁華市區後越走越荒涼，後半路程全是沙漠荒野，千里迢迢，備受艱辛。塞外寒風凜凜，秋草萋萋，放眼望去盡是黃沙茫茫的大漠荒原。王昭君越來越想家。

一路上，馬嘶雁鳴，聲聲撕裂她的

xīn gān。bēi qiè zhī qíng，shǐ tā xīn xù nán píng。tā zài
心肝。悲切之情，使她心緒難平。她在

zuò qì shàng bō dòng pí pá qín xián　zòu qǐ bēi zhuàng de　chū
坐騎上撥動琵琶琴弦，奏起悲壯的《出

sài qū　　　sù shuō tā de mǎn qiāng xiāng sī
塞曲》，訴說她的滿腔鄉思。

sè sè xī fēng juǎn huáng shā
瑟瑟西風捲黃沙

mángmáng dào tiān yá
茫茫到天涯

zhāo jūn chū sài nǚ ér yuǎn jià
昭君出塞女兒遠嫁

wèi de shì guó tài mín ān bǎo guó wèi jiā
為的是國泰民安保國衞家

nǐ kàn nà xī tiān de wǎn xiá
你看那西天的晚霞

sù shuō zhe nǚ ér de qiān guà
訴説着女兒的牽掛

nǐ kàn nà yáng guān lù màn màn
你看那陽關路漫漫

zhǐ bu zhù nǚ ér de lèi cháng sǎ
止不住女兒的淚長灑

朝聽雁鳴暮彈琵琶

身在漠北心在華夏

今日惜別故鄉

何時回我家

曲調如泣如訴，淒婉哀傷。聽得同行的人們都不禁為之心動。峨峨的青山好像也在側耳傾聽。這時，天上正好飛過一行南遷的大雁，牠們在碧幽幽的藍天上高高飛翔，聽到這哀怨婉轉的琴聲，看到騎在馬上的這個美麗女子，都為這位絕世佳人傾倒，雁羣竟然忘記擺動翅膀，紛紛跌

落地下。後來，「落雁」也就成了形容王

昭君美貌的雅稱了。

　　王昭君受不了塞外凜冽的寒風，

終於在漫漫長路中病倒了，隊伍只得暫

時停止行進。養病期間，王昭君向漢元

帝寫了封信，表示了自己遠赴番邦和親

的決心，但是要求元帝善待她老家的父

母兄弟。元帝按照昭君的意思，把她的

父母兄弟都接到長安，給他們土地、房

屋，妥善安排。

為國和番

經過近一年坎坷的旅途，隊伍於第二年初夏到達漠北，受到匈奴人民的盛大歡迎。

匈奴大隊騎士和車馬前來迎接，護送進宮。一座座帳篷中張燈結綵，大家舉杯暢飲，歡騰達旦。

呼韓邪單于得到了昭君這位美女為妻，深感漢朝對他的關愛與支持，欣喜萬分。他封昭君為「寧胡閼氏」，意思是匈奴有了漢朝女子作了首領的妻子，

安寧始得保障，希望她能為匈奴帶來安寧和平。呼韓邪單于派遣使者給元帝贈送大批玉器，珠寶及駿馬，以報答漢朝天子的特別恩遇。他甚至上書願擔當起保境安民的責任，請元帝取銷邊疆駐軍。

昭君初到匈奴時，因遠離自己的家鄉很思念親人，曾寫下《怨詩》抒發思鄉之情。但她深明大義，很清楚自己的職責，所以很快就振作了起來。她在來匈奴之前，已經在朝廷裏請了老師學習匈奴文和熟悉匈奴習俗；初來乍到，

要住帳篷吃牛羊肉，生活上有很多不習慣，但是她漸漸克服了這些困難，適應了這些習俗。她和匈奴人相處得很好，匈奴人都喜歡她、尊敬她。

呼韓邪十分珍愛昭君，對她千依百順，凡事都聽聽她的意見。一天，呼韓邪帶昭君騎着馬出外巡視。匈奴人住的

是黃河的河套地區，這裏遍地是長長的青草，沒有什麼莊稼，只是牧場，人們都很窮困。

昭君見到這種情況，就向呼韓邪單于說：「夫君，這一大片土地如此荒廢在那裏，太可惜了！」

「這是我們的牧場啊，我們的老百姓就是靠它飼養牛羊過日子的呀！」單于說。

昭君懇切地對他說：「我們應該種些莊稼，不能單靠吃牛羊肉生活。我帶來了很多種子，你讓我試試吧。」

單于同意了。昭君就和她帶來的漢族宮女一起開闢了一塊試驗地。她們拔掉了地裏的草，翻耕出黑土，撒上麥種。

可是，有些匈奴貴族反對這種做法，他們對呼韓邪說：「單于，草是我們匈奴人的命根子，沒有草，我們不能放牧，那吃什麼穿什麼呀？」

呼韓邪說：「她要把漢族的莊稼帶給我們，這是好事啊。」

反對派說：「這裏的水土和漢族那裏不同，不能種莊稼。她畢竟不是我

們匈奴人，和我們不同心，你要提防些啊！」

呼韓邪雖然不相信王昭君會別有用心，但是卻擔心漢族的莊稼能否在塞外生長。他對昭君說了自己的憂慮，昭君說：「反正這次的種植面積不大，看看結果再說吧。若是真的長不好，我再想想別的辦法。」

到了秋天，種下的麥子成熟了。地裏一片金黃。收下麥子，磨成麵粉，王昭君教匈奴人用麵粉蒸饅頭、做麵條、包餃子、煎烙餅……分給百姓吃。人人

都說好吃，紛紛要求昭君教他們如何開荒種麥。

王昭君用自己的實際行動證明了河套*地區可以種莊稼，單于見了也十分高興。於是昭君走遍河套的山山水水，

*河套：河套是黃河中上游兩岸的平原、高原地區。古時河套地區的居民主要是匈奴人。河套又分為前套和後套。

把莊稼種子分贈給百姓，教他們耕種方法。後來，後套地區種滿了小麥玉米，那裏的土地肥沃，又有黃河水可灌溉，莊稼長得很好。後套成了黃河地區最富裕的地方了。而前套就保留着一片草原供放牧。

王昭君又教匈奴人浣紗、紡織等技術，大大提高了當地的生產水平，幫助了塞外的經濟發展，促進了中原和西域的文化交流。

就這樣，王昭君長期定居在匈奴，把中原的經濟、文化傳給匈奴。她還一

直勸喻呼韓邪單于不要去發動戰爭，讓百姓好好休生養息，安居樂業。從這以後，匈奴和漢朝團結和睦，國泰民安，展現出欣欣向榮的和平景象，六十多年沒有發生戰爭。草原人民都非常喜歡她，她贏得了大家的喜愛。

從俗再婚

來匈奴後的第二年，即漢成帝建始元年，王昭君為單于生下了一個兒子，取名伊屠智牙師，封為右日逐王。可惜的是，到了第三年，公元前 31 年，老邁的呼韓邪單于病故。當時王昭君二十四歲。

呼韓邪單于一生共娶了三位女子，生了七個兒子。除了王昭君所生的幼子伊屠智牙師以外，其他六人都當過單于。呼韓邪過世後，他的長子雕陶莫皋

繼承了單于的位置。按照匈奴的禮俗，

王昭君就要成為現任單于的妻子，也就

是說，她要嫁給自己的繼子！

這在漢族的禮儀中是大逆不道的

行為，是與中原的倫理觀念完全相抵觸

的。出生書香門第的昭君怎能如此做？

怎麼辦呢？昭君苦苦思索，想不出

一個妥善的辦法。

於是她上書給漢成

帝，要求回國。

可是漢成帝

不允許，命令她

「從胡俗」，也就是要按照匈奴人「父死，妻其後母」的風俗，再嫁給呼韓邪的第一位夫人所生的大兒子雕陶莫皋。

這對王昭君來說是一件很難接受的痛苦的事。可是她以漢匈和好的大局為重，珍惜漢匈友誼，委屈地接受了這個安排，與雕陶莫皋結為夫婦。

幸運的是年輕的單于對王昭君更加憐愛，婚後的夫妻生活十分恩愛甜蜜。

昭君一連生下兩個女兒，長女名叫須卜居次，次女名叫當于居次（「居次」意為公主），後來分別嫁給匈奴貴族。

魂留青塚

雕陶莫皋與王昭君共同生活了十一年後去世，這時王昭君已經三十五歲，再也沒有婚姻的纏絆，她就完全致力於促進匈奴與漢朝之間的友好關係，起了溝通與協調的極好作用。

王昭君的哥哥被朝廷封為侯爵，多次奉命出使匈奴，與妹妹見面。王昭君的兩個女兒也曾到長安，還入宮侍候過太皇太后，即漢元帝的皇后。後來這位太皇太后的侄子王莽奪取了西漢政權，

匈奴單于認為「不是劉氏子孫，何以可為中國皇帝？」於是邊疆紛爭又起，禍亂無窮，兩地百姓重又陷入水深火熱之中。

眼看自己創造的和平歲月毀於一旦，王昭君深感悲痛。她在幽怨絕望中死去，死時五十歲。王昭君去世時，附近的百姓得知後，紛紛趕來送葬，人們依依不捨，她被厚葬在今呼和浩特市南郊的大黑河南岸，墓依大青山，傍黃河水。入秋以後塞外草色都枯黃了，只有王昭君墓上草色青蔥一片，所以後人稱

它為「青塚」。聽說塚上的草很茂盛，而且終年常綠。

王昭君與她的子孫以及姻親們對胡漢兩族人民和睦親善作出了巨大貢獻，增強了漢族與匈奴民族之間的民族團結，是符合兩族人民利益的。因此，她得到歷代人們的稱頌。

如今的昭君墳，已成為一座規模宏大的陵園，走到墓前，首先映入眼簾的是一座高 3.95 米，重 5 噸的呼韓邪單于與王昭君並轡而行的大型銅鑄雕像。墓前院內，有一個歷史文物陳列廳，陳列

tīng nèi yǒu yí zuò zhāo jūn diāo xiàng　　zhǐ jiàn zhāo jūn yī mèi piāo
廳內有一座昭君雕像，只見昭君衣袂飄

piāo　　mù shì yuǎn fāng　　xǔ xǔ rú shēng　　zhāo jūn mù yǐ chéng
飄，目視遠方，栩栩如生。昭君墓已成

wèi le zhù míng de lǚ yóu jǐng diǎn　　měi tiān lái cān guān de rén
為了著名的旅遊景點，每天來參觀的人

絡繹不絕。千百年來，王昭君這位美麗
高潔、正直善良的古代女子出塞和親的
故事代代相傳，家喻戶曉。以昭君為題
材的傳統詩詞、戲曲、曲藝、美術、音
樂等各類作品數以千計，歌頌這位終生
致力於漢匈和親的奇女子。

思考題

1. 你對和親政策有什麼看法？

2. 有人曾說，王昭君出塞是為了自己，因為留在宮中，她只可能一直被埋沒，永無出頭之日。你怎麼看待這種說法？

3. 當初王昭君拒絕了毛延壽，以致於自己冷落宮中數年，你認為這值得嗎？如果你碰上這種情況，你會怎麼做？

4. 王昭君呆在後宮只是一名普通的宮女時，雖然心情鬱悶，但她還是利用餘暇時間學習才藝；而她在去匈奴前，就開始學習匈奴文和匈奴習俗，這些都反映了王昭君什麼性格？你覺得她是怎樣的一個人？